中国少年儿童科学普及阅读文库

探索·科学百科™

中阶

法老与金字塔

4级A3

[澳]梅瑞斯·柯思坦⊙著
施顶立(学乐·译言)⊙译

Discovery
EDUCATION™

全国优秀出版社
全国百佳图书出版单位
广东教育出版社

广东省版权局著作权合同登记号

图字：19-2011-097号

本书原由 Weldon Owen Pty Ltd 以书名*DISCOVERY EDUCATION SERIES · Tombs of the Pharaohs*

（ISBN 978-1-74252-208-1）出版，经由北京学乐图书有限公司取得中文简体字版权，授权广东教育出版社仅在中国内地出版发行。

图书在版编目（CIP）数据

Discovery Education探索·科学百科.中阶.4级.A3，法老与金字塔/〔澳〕梅瑞斯·柯思坦著；施顶立（学乐·译言）译. —广州：广东教育出版社，2014.1

（中国少年儿童科学普及阅读文库）

ISBN 978-7-5406-9485-2

Ⅰ.①D… Ⅱ.①梅… ②施… Ⅲ.①科学知识—科普读物 ②埃及—古代史—少儿读物 Ⅳ.①Z228.1 ②K411.209

中国版本图书馆 CIP 数据核字(2012)第167709号

Discovery Education探索·科学百科（中阶）
4级A3 法老与金字塔

著 〔澳〕梅瑞斯·柯思坦　　译 施顶立（学乐·译言）

责任编辑 张宏宇 李 玲 丘雪莹　　**助理编辑** 蔡利超 于银丽　　**装帧设计** 李开福 袁 尹

出版 广东教育出版社
　　地址：广州市环市东路472号12-15楼　　邮编：510075　　网址：http://www.gjs.cn
经销 广东新华发行集团股份有限公司　　　　　　　　**印刷** 北京顺诚彩色印刷有限公司
开本 170毫米×220毫米　　16开　　　　　　　　　　　**印张** 2　　　　　**字数** 25.5千字
版次 2016年5月第1版　第2次印刷　　　　　　　　　　**装别** 平装

ISBN 978-7-5406-9485-2　　**定价** 8.00元

内容及质量服务 广东教育出版社 北京综合出版中心
　　　　　　电话 010-68910906 68910806　　网址 http://www.scholarjoy.com
质量监督电话 010-68910906 020-87613102　　**购书咨询电话** 020-87621848 010-68910906

Discovery Education 探索·科学百科（中阶）

4级A3 法老与金字塔

全国优秀出版社
全国百佳图书出版单位 广东教育出版社 學樂

目录 | Contents

法老是谁？

亚历山大城
　　这座无与伦比的城市由亚历山大大帝规划修建。

法老是古埃及社会中权力最高、影响最大的人物。他们是埃及的统治者，他们统治下的人们都相信法老是神。"法老"这个名称的含义是"大房子"。根据埃及的传说，在公元前 3100 年，纳尔迈国王（又称美尼斯国王）统一了上埃及和下埃及两个独立王国，缔造了伟大的埃及帝国。

　　自那以后，古埃及又先后出现了很多伟大的统治者，其中最著名的几位出现在新王国时期（公元前 1550~ 前 1070 年），这是古埃及非常强盛的一段时期。那时，都城底比斯的帝王谷和南部的阿布辛拜勒都修建了规模宏大的神庙。

吉萨的文物
　　金字塔和狮身人面像都是埃及著名的景观。

西部沙漠

哈特谢普苏特神庙
　　这座神庙位于尼罗河河畔，分为三层，是哈特谢普苏特女王在位时建造的。

阿布辛拜勒
　　阿布辛拜勒神庙由两座依崖凿建的大型神庙组成。

埃赫那吞国王和纳芙蒂蒂王后
　　这对王室夫妻住在阿肯太顿，也就是今天我们知道的阿马尔那。他们有六个女儿，没有儿子。

哈特谢普苏特女王
　　哈特谢普苏特女王是最为人称颂的法老之一。她的名字意为"最高贵的女子"。

克莉奥帕特拉女王（克娄巴特拉）
　　亚历山大大帝征服埃及后创立了托勒密王朝。克莉奥帕特拉女王是托勒密王朝的最后一位法老。

地中海

下埃及

吉萨
孟斐斯
● 开罗
● 萨卡拉

西奈沙漠

东部沙漠

● 阿马尔那

上埃及

红海

● 卡纳克
底比斯 ● 路克索
帝王谷

● 埃德福

卡纳克神庙
神庙沉重的顶部
由很多大石柱支撑。

● 阿布辛拜勒

尼罗河

埃及位于非洲
北部

水源
尼罗河自南向北流淌,穿过沙漠,最终流入地中海,它为埃及人提供水源。

古埃及法老列表(公元前1546~前1070年)

法老	卒日 (大约)	发现坟墓 的时间	找到木乃 伊的时间
阿赫摩斯	公元前1546	不明	1881
阿蒙霍特普一世	公元前1524	不明	1881
图特摩斯一世	公元前1518	1824	1881
图特摩斯二世	公元前1504	不明	1881
哈特谢普苏特女王	公元前1483	1824	未找到
图特摩斯三世	公元前1450	1898	1881
阿蒙霍特普二世	公元前1419	1898	1898
图特摩斯四世	公元前1386	1903	1898
阿蒙霍特普三世	公元前1349	1799	1898
埃赫那吞	公元前1336	1817	未找到
斯门卡尔	公元前1334	1907	1907
图坦卡蒙	公元前1325	1922	1922
阿伊	公元前1321	1816	未找到
荷伦希布	公元前1293	1908	未找到
拉美西斯一世	公元前1291	1817	未找到
塞蒂一世	公元前1278	1817	1881
拉美西斯二世	公元前1212	1913	1881
莫尼普塔	公元前1202	1903	1898
阿门麦逊	公元前1199	1907	未找到
塞蒂二世	公元前1193	1909	1898
斯普塔	公元前1187	1905	1898
塔沃斯塔王后	公元前1185	1909	未找到
塞塔克特	公元前1182	1909	未找到
拉美西斯三世	公元前1151	1768	1881
拉美西斯四世	公元前1145	被打开	1898
拉美西斯五世	公元前1141	1888	1898
拉美西斯六世	公元前1133	1888	1898
拉美西斯七世	公元前1126	被打开	未找到
拉美西斯八世	公元前1126	被打开	未找到
拉美西斯九世	卒前1098	1888	1881
拉美西斯十世	公元前1098	1902	未找到
拉美西斯十一世	公元前1070	1979	未找到

古埃及社会秩序

等级制度

　　国王和王室处于社会的顶层。处于社会底层的是战俘、犯人和奴隶。

古埃及社会等级森严，就像一座金字塔。人们相信，是神规定了每个人在社会中的不同地位。处于金字塔顶端的是法老，即国王，偶尔也会是女王。人们相信，法老是世间唯一能与神对话的人。法老掌握全国的军政、司法、宗教大权。法老由一群受过教育的上层人士辅佐执政。

　　书吏阶级在古埃及很受敬重，因为他们识字，能读能写。手工业者的社会地位则要低得多。再往下就是农民，他们种地，或为王室建造各种建筑，农民是古埃及人数最多的阶级。

王室

社会精英

你知道吗？

　　古埃及人用牛而不是用钱来衡量财富。人们每年都会数一次牛，并且用牛去交税。

中产阶级

手工业者

市场

在市场上，人们能够买到很多物品，包括各种家居用品和食品。

农民和苦力

社会等级金字塔

古埃及的人口数量和社会结构在不同时期是不一样的。现在，政府通过人口普查了解国家的人口信息，但是古埃及没有这样的人口普查，所以历史学家们通过各个地区坟墓的数量，推算出大致的人口数据。

受过教育的社会精英，包括王室：占总人口的5%

中产阶级：占总人口的10%~15%

在土地上劳作的农民：占总人口的80%~85%

古埃及人之家

大多数人都生活在村落。他们的房子是用太阳烘干的泥砖堆砌而成的，一间连一间，很是拥挤。房子分为几个方方正正的小房间，墙上有小窗，上面是平顶。人们可以在平顶上做饭，夏天还可以在上面睡觉。古埃及普通家庭的住房有一间正厅，人们一天中的大部分时间都会在那里度过，此外还有三个小房间，四个房间相通相连。农民的住房则很简陋，只有一间没有窗户的房间。屋外用围墙围成院子，用来养牛和羊。

有钱人的住宅建造在城市外围的空旷土地上，非常宏伟。他们的房子常常配有花园、鱼塘、仆人住处、粮仓、畜舍和一间神祠。

墓室建造工人的住房

在帝王谷建造王室墓室的工人，与家人住在一起。他们的住宅有四个房间，用石头和泥砖修成。这种房屋的设计可以使它在夏天保持清凉。

壁龛
壁龛里供奉着祖先和土地神。

窗户
窗户很高，既采光又隔热。

入口
厚厚的石墙防止陌生人闯入。

狭窄的过道。

接待室

有钱人家的住宅

富裕的商人和官员的住所宽敞而舒适。他们的别墅空间很大，装饰华丽的柱子支撑着天花板，窗户有栅栏，地板上铺着瓷砖，墙上画着动物和植物的图案，颜色鲜艳。有楼梯通往屋顶平台，在上面可以俯瞰静谧的花园、鱼儿嬉戏的池塘和房子周围的棕榈树丛。在炎热的夏夜，屋顶还是最凉爽的休息处。屋里的家具很简单，最常见的有凳子、低矮的床和小桌子。

埃及一户富人家庭闲适的居家生活

额外空间

屋顶平台上可以额外搭建一些房间。

烤炉

土砖烤炉用来烤面包。

正厅

卧室

厨房

储藏间

地窖温度较低，用来储存食物。

乡村生活

古埃及的大部分人都是农民，他们一年中的作息随尼罗河水势的变化而变化。这里很少下雨，而且一年到头天气炎热，但每年7月到10月，尼罗河都会发大水，洪水冲过河岸，淹没河流沿岸的土地。

这就是洪水季，每年洪水泛滥的季节，也是人们休耕的季节。一些农民会利用这段时间去修理农具，另一些农民由于没法在地里干活，通常会去皇室建筑工地干苦力。洪水季过后是播种季，洪水退去，留下肥沃的黑土。在这个季节，人们会犁地，播种，兴修灌溉渠道。第三个季节是收获季，人人都赶在下一年开始之前，卖力地收割成熟的庄稼。

洪水季

每年7月到10月，尼罗河水势猛涨，漫过堤岸，淹没田地。农民们利用这段时间休息，修理农具。

因时制宜

古埃及农民根据尼罗河水势的涨落安排农事。洪水过后，会留下养分和淤泥，使土壤异常肥沃，因此农民们从来不用施肥。

播种

尼罗河的洪水退去后，农民们会在泥土变硬之前耕犁土地，播下种子。

洪水季

播种

播种季

农民犁地

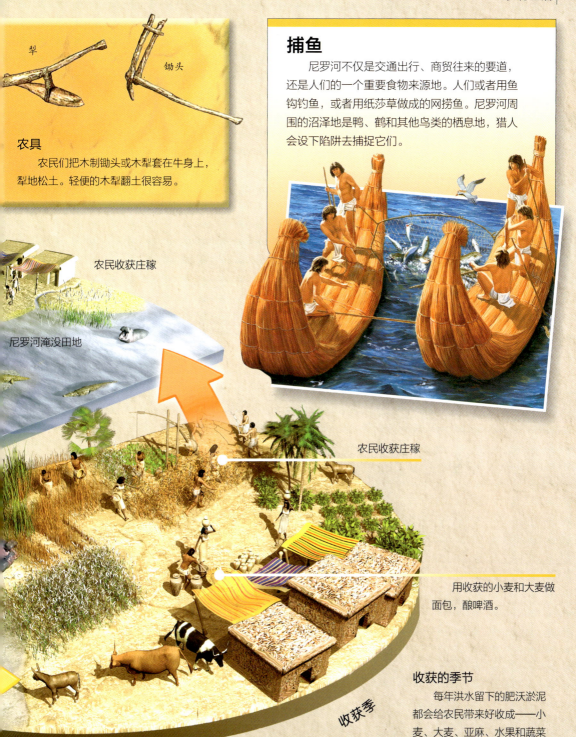

犁

锄头

农具
农民们把木制锄头或木犁套在牛身上，犁地松土。轻便的木犁翻土很容易。

捕鱼
尼罗河不仅是交通出行、商贸往来的要道，还是人们的一个重要食物来源地。人们或者用鱼钩钓鱼，或者用纸莎草做成的网捞鱼。尼罗河周围的沼泽地是鸭、鹤和其他鸟类的栖息地，猎人会设下陷阱去捕捉它们。

农民收获庄稼

尼罗河淹没田地

农民收获庄稼

用收获的小麦和大麦做面包，酿啤酒。

收获的季节
每年洪水留下的肥沃淤泥都会给农民带来好收成——小麦、大麦、亚麻、水果和蔬菜大丰收。

收获季

来世观念

古埃及人相信，如果他们此生做一个好人，就会在死后得到奖赏。他们会进入来世，跟冥界之王奥西里斯一起生活在"芦苇之地"。起初，古埃及人认为只有法老拥有足够强大的灵魂，能够离开墓地，进入来世，和众神一起生活。到了中王国时期（公元前2040~前1640年），人们的观念发生了改变，他们开始认为，只要借助正确的仪式，就能在死后进入来世。

人们会雇佣职业送葬者哭丧，这些送葬者会把泥土涂抹在头上。在坟墓口，祭司用神器触碰木乃伊的脸，主持开口仪式。这样，死去的灵魂就能重新获得生命。灵魂向西穿行，会经过一个迷宫，并回答一些问题。奥西里斯会亲自进行最终的审判。

帝王谷

　　帝王谷位置偏远，因此建在这里的陵墓很难被盗墓者盗取。

卡诺卜箱

　　死者的名字会被刻在卡诺卜箱子和棺材上。卡诺卜罐里装着死者的器官，放在卡诺卜箱中。

生活用品

　　仆人们拿着死者来世需要用到的家具、衣服、珠宝、娱乐用品和其他物品。

食物

　　送葬队伍还会带上吃的喝的，这样死者在墓中就可以获取食物。

《亡灵书》

《亡灵书》是一本古埃及宗教中，关于进入来世的指导书。告诉死者该怎么做的指令刻在陵墓的墙上，或者写在纸莎草卷上。书中有咒文，告诉人们如何取悦众神，躲避不幸，书中还介绍了来世的大致情况。

一个人的旅行

这些壁画展示了一个人进入来世的过程。

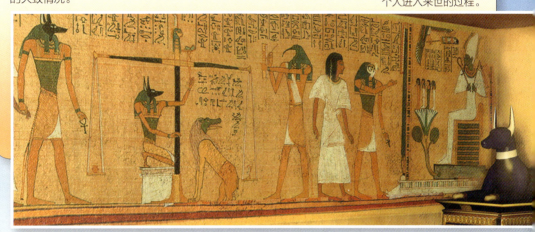

送葬队伍

送葬者首先聚集在死者的家中，然后走很长的一段路到达墓地。一路上他们用木橇拉着木乃伊，到尼罗河的时候，用船摆渡过河。

棺材架

木乃伊放在棺材架上，受到棺材架上的神像庇佑。

仪式

祭司走在边上，边走边泼洒净水，并燃香。

运送方式

牛拉着载有棺材的木橇穿过沙漠。

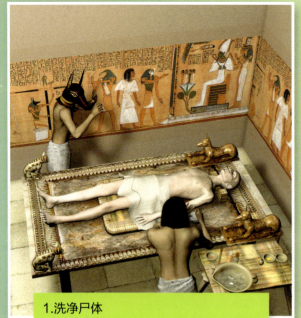

1.洗净尸体

　　先用水或芳香的棕榈油将尸体洗净，然后送到"纯净之屋"，在这里进行防腐处理。专用的桌子有斜度，这样体液就能流干净。

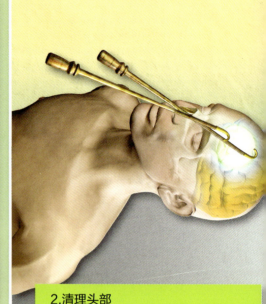

2.清理头部

　　用铜钩将脑组织从鼻孔中抽出来扔掉，接着往颅腔填入防腐物质，防止细菌滋长。

制作木乃伊

木乃伊是保存完好的尸体。为了让自己的灵魂在来世获得永生，古埃及人热衷于寻找保存尸体的方法。他们发现，尸体埋在炎热的沙漠后，皮肤就会干枯，变得跟皮革一样有韧性。由于没有水分，能引发尸体腐烂的细菌就无法生存，因此尸体不会腐烂。

　　埃及人从这个自然现象中受到启发，摸索出了制作木乃伊的方法。制作木乃伊需要 70 天左右的时间，由祭司来完成。在随后的 3 000 年时间里，富裕的埃及人一直保持着制作木乃伊的习惯。

动物木乃伊

　　古埃及人不仅给人做木乃伊，还给动物做木乃伊。有时，宠物被制成木乃伊，这样它们就能与主人一起进入来世。将一些神圣的动物，比如鳄鱼和猫，制成木乃伊，则是为了敬奉神灵，它们常被葬在神庙边特设的动物墓地中。

鳄鱼木乃伊

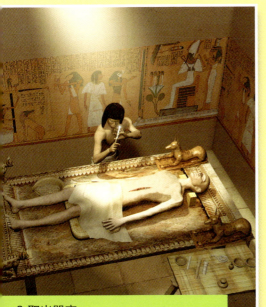

3.取出器官

　　解剖祭司会在尸体腹部左侧拉开很长的一道口，取出肺、肝、胃和肠子并保存起来，心脏仍留在体内。

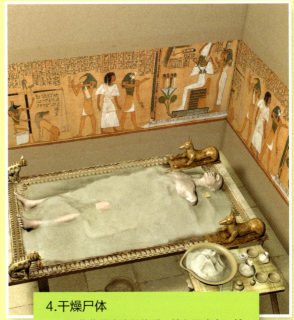

4.干燥尸体

　　用葡萄酒清洗尸体后，填入亚麻布，然后把尸体置于泡碱中，干燥40天。泡碱能在盐水湖岸边找到，可以用来干燥尸体。

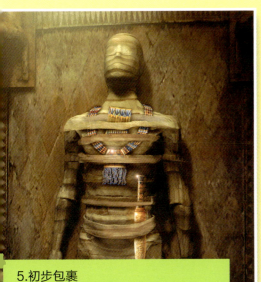

5.初步包裹

　　用亚麻布先把头部缠起来，接着包裹身体，包裹的过程中会放入珠宝和护身符。

6.最终包裹

　　尸体再缠上一层亚麻布，包裹的过程就结束了。在放进棺材之前，有时候会给木乃伊带上镀金面具。

建造金字塔

古王国时期（公元前 2649~ 前 2150 年），埃及进入金字塔时代。金字塔是一种巨大的坟墓，用于永久保存法老的木乃伊。每个金字塔深处都有一个墓室，周围的房间存放供法老来世享用的物品。早期金字塔是阶梯状的，这样法老就可以通过巨型阶梯进入天国，和太阳神拉生活在一起。后来，金字塔的斜面变得平滑，供法老沿着斜坡进入天国。

建造金字塔的过程既艰难又危险，还很耗时。很多劳工因此骨折或被压死，还有人滑倒摔死。但他们都坚信，只要参与建造金字塔，那么在法老进入来世后，他们也会分到好处。

木棍滚石

人们是怎么把巨大的石头运送过沙漠的呢？有一种说法认为，劳工在圆形木棍上裹敷细泥，令木棍表面变得平滑，垫在巨石下，通过木棍滚动搬运石头。每块石头都有一头雄性河马那么重。

运送石头

关于金字塔是怎么建起来的这个问题，有各种各样的解释，大部分埃及学专家认为，这一过程中用到了运河、斜坡和汲水吊杆。

从采石场开采下大石头。

大石头被装上货船，运往下游。

把大石头顺着河流运送到建造金字塔的地点。

沿着石坡把大石头拉上岸。

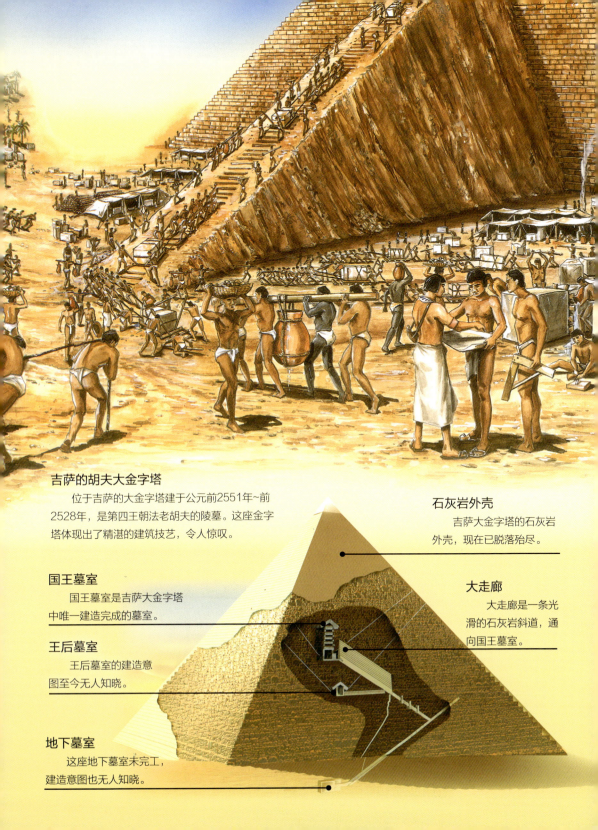

吉萨的胡夫大金字塔
位于吉萨的大金字塔建于公元前2551年~前2528年，是第四王朝法老胡夫的陵墓。这座金字塔体现出了精湛的建筑技艺，令人惊叹。

石灰岩外壳
吉萨大金字塔的石灰岩外壳，现在已脱落殆尽。

国王墓室
国王墓室是吉萨大金字塔中唯一建造完成的墓室。

大走廊
大走廊是一条光滑的石灰岩斜道，通向国王墓室。

王后墓室
王后墓室的建造意图至今无人知晓。

地下墓室
这座地下墓室未完工，建造意图也无人知晓。

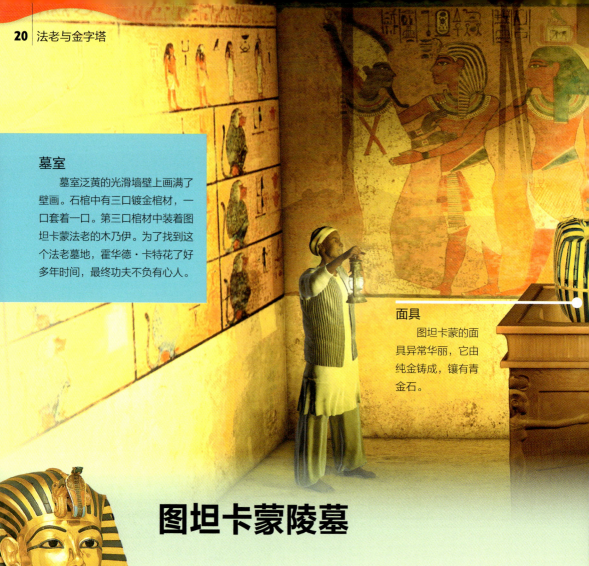

墓室

　　墓室泛黄的光滑墙壁上画满了壁画。石棺中有三口镀金棺材，一口套着一口。第三口棺材中装着图坦卡蒙法老的木乃伊。为了找到这个法老墓地，霍华德·卡特花了好多年时间，最终功夫不负有心人。

面具

　　图坦卡蒙的面具异常华丽，它由纯金铸成，镶有青金石。

图坦卡蒙陵墓

图坦卡蒙国王，人称"男孩国王"，8岁就开始统治埃及。他死于公元前1344年，年仅18岁。1922年，霍华德·卡特发现了他的陵墓，这是唯一没有遭到严重抢掠的法老墓。在被卡特发现之前，该墓至少被盗过两次，但里面仍然满是奇珍异宝，比如镀金雕像、船模、武器和马车。这些物品用来保障图坦卡蒙顺利进入来世。

　　和其他法老陵墓相比，图坦卡蒙的陵墓比较小，只有一条通道和四间内室。历史学家们推测，这可能是因为年轻的图坦卡蒙死得太过突然，没有时间建造一个更大的陵墓。所以，他只能被葬在这个贵族级别的陵墓中。

图坦卡蒙法老的黄金面具

第三口棺材

第三口棺材，也就是最后一口棺材，由纯金打造，里面是图坦卡蒙的木乃伊。

卡特在细心清理着第三口棺材

霍华德·卡特

霍华德·卡特是一位英国艺术家和考古学家。在苦苦搜寻五年之后，他终于在1922年11月4日找到了图坦卡蒙的陵墓。随后，他又花了整整十年时间把自己在陵墓中发现的宝藏转移出去。后来，卡特成了收藏家和博物馆经纪人，于1939年去世。

卡纳克神庙群

新王国时期（公元前1550~前1070年），底比斯成为古埃及王国的都城。当时埃及人修建了许多大神庙，其中最壮观的卡纳克神庙群就位于底比斯附近。卡纳克神庙群是为供奉最高神阿蒙神、阿蒙之妻穆特神和阿蒙之子柯恩斯神而建造的，他们各自占据神庙群中的一块区域。此外，还有一个门图神殿，用于供奉这个猎鹰首男人身的地方神。

卡纳克神庙群始建于公元前16世纪，持续建造了2 000年。很多法老在位期间都热衷于为神庙群添砖加瓦，比如修建新神庙、神殿或者刻有铭文的塔门楼。卡纳克神庙群所用的大部分石头，都是用船从埃及南部的采石场运过来的。

第二塔门

第二塔门前矗立着拉美西斯二世的巨大雕像。

圣船神殿

这里停放着阿蒙神的圣船。

第一塔门

第一塔门是整个神庙群的入口，门上插有旗杆。

狮身羊头像

通向第一塔门楼的入口处，有一条甬道，两旁排列着狮身羊头像，这条甬道是拉美西斯二世修建的。

方尖碑
　　这是图特摩斯一世和图特摩斯三世为阿蒙神建造的方尖碑。

节庆神庙
　　这是图特摩斯三世为自己修建的神庙，立柱的形状像帐篷的支柱。

圣湖
　　神庙的祭司们在主持仪式之前，都要在湖里洗浴。

圣坛
　　最早修建的阿蒙神庙圣坛现在已经完全修复了。

第三塔门
　　通过第三塔门，就将进入最早修建的神庙。

第八塔门
　　这座塔门由哈特谢普苏特女王下令建造。

立柱大厅
　　大厅里有134根立柱，分16行排列。立柱上方原本有一个顶。

第七塔门
　　这又是图特摩斯三世增添的一道大门。

圣船停靠站
　　这里是阿蒙神圣船停放的地方。

立柱大厅
　　密密麻麻的巨型立柱宛若森林，立柱上都刻有象形文字和图形，这是古埃及最伟大的建筑之一。

神庙和神殿
　　卡纳克神庙群占地100公顷，是埃及最为壮观的景点之一。建筑群主要由四大神殿构成：阿蒙神殿、门图神殿、穆特神殿和阿蒙霍特普四世神殿。此外还有很多其他小神殿、塔门楼、立柱、方尖碑和狮身羊头像等。

阿布辛拜勒神庙

拉美西斯二世，即拉美西斯大帝，在毗邻埃及的努比亚地区，也就是今天的阿布辛拜勒，建造了两座神庙。他建造神庙是为了让努比亚人知道他是一个骁勇善战的伟大国王。

小神庙为敬奉爱神哈索尔而建，里面摆放了很多国王自己和他最喜爱的妻子奈菲尔塔利的雕像。两座神庙都是从山崖石壁中凿出来的，大神庙凿得更深，里面有很多立柱大厅和一个圣坛。神庙的墙上画有壁画，展现的是拉美西斯二世驾驶战车冲锋陷阵的场景。20 世纪 60 年代，埃及修建阿斯旺大坝，纳赛尔湖湖水上涨，两座神庙受到波及。因此，小神庙、大神庙和部分岩壁被分割成块，安全转移，神庙得以保存。

山崖石壁
神庙建在陡峭悬崖48米的凿洞中。

入口雕像
神庙入口两边，分别坐着四尊巨大的拉美西斯二世雕像。

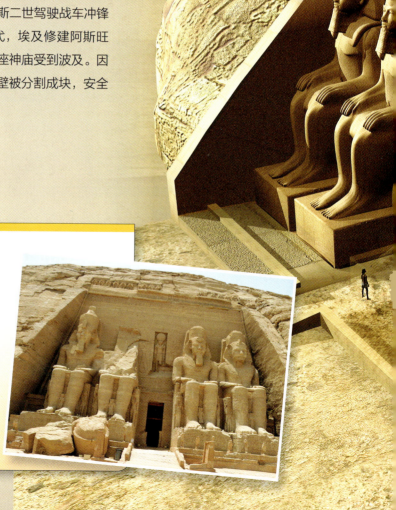

拉美西斯二世

拉美西斯二世是埃及最显赫的法老之一，共统治了67年，为纪念他而修建的神庙、雕像和建筑的数量，超过其他任何法老。他宣称自己是阿蒙神之子，并建造了阿布辛拜勒神庙来显示自己的神性。圣坛中的一座雕像就是他自己。

阿布辛拜勒的拉美西斯二世大神庙

入口

入口处有石阶通向里面的大厅和圣坛。

神庙圣坛

大神庙最里面的圣坛中有四尊很受人尊敬的神像。每年2月22日和10月22日，第一缕阳光能照到整个大厅，令神像熠熠生辉。

大柱厅

大柱厅位于岩壁的深处，由八根巨大的石柱支撑，两边各四根，石柱被刻成奥西里斯神的形象。

圣坛

圣坛里坐着四座神像，分别是阿蒙神、佩塔赫神、雷·赫拉克提神和拉美西斯二世。

入口大厅

神庙入口大厅矗立着八尊巨型雕像，通向圣坛。雕像是以死神奥西里斯形象出现的拉美西斯二世。

古埃及艺术和文化

古埃及人创造了众多优秀的艺术作品，包括壁画、雕像、陶器和珠宝等。在古埃及人心目中，艺术是建筑甚至生活中不可分割的一部分。为皇家墓室画壁画的艺术家被看作是大师，受人尊敬。宝石匠用金银和其他贵重的宝石，为人们制作项链、手镯、戒指和耳环等首饰。石匠用硬石或软石雕刻雕像和器皿。木匠则会制作船只、棺材和精美的家具，还会嵌入乌木和象牙。

埃及墓地和神庙的墙上刻有很多图形字符，这就是象形文字。在私人宴会或者宗教节日上，会有音乐家给客人助兴，葬礼上则会有舞者表演。当时的乐器有竖琴、鲁特琴、笛子、拨浪鼓和手鼓等。

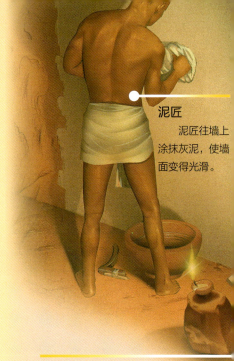

泥匠

泥匠往墙上涂抹灰泥，使墙面变得光滑。

抄写师

抄写师按照已经设计好的草图，用黑色颜料在墙上描画出轮廓。

A	秃鹫 手臂	I	芦笛	Q	山坡	Y	双簧管
B	脚	J	蛇	R	嘴	Z	没有"Z"音
C	没有"C"音	K	篮子	S	门闩 折叠的布	CH	绳子
D	手	L	狮子	T	面包条	KH	胎盘
E	芦苇	M	猫头鹰	U	鹌鹑鸟	SH	湖
F	长角的眼镜蛇	N	水	V	长角的眼镜蛇		
G	锅架	O	套索	W	鹌鹑鸟 绳卷		
H	红色小屋 缠绕的亚麻	P	凳子	X	没有"X"音		

皇家女子乐团

皇家女子乐团的乐师们都是很有才华的音乐家和舞蹈家。她们弹奏乐器、唱歌、表演，供国王欣赏。

象形文字"字母表"

象形文字排列成行和列，既可以从左往右读，也可以从右往左读。

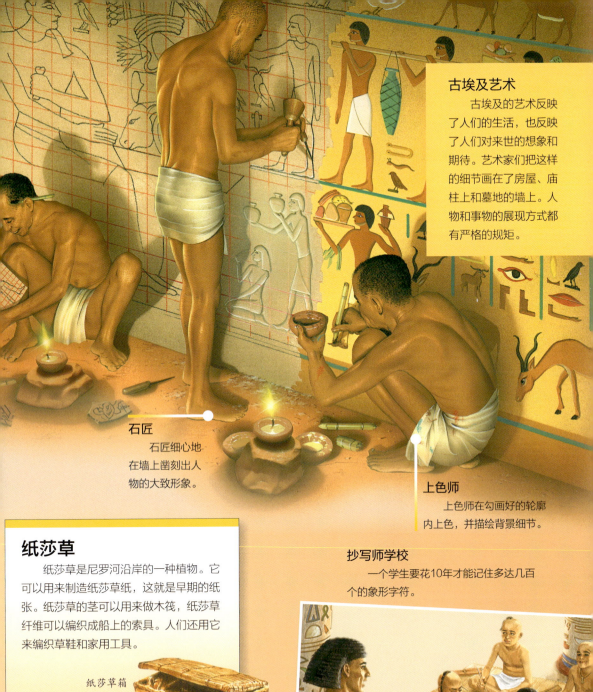

古埃及的艺术反映了人们的生活，也反映了人们对来世的想象和期待。艺术家们把这样的细节画在了房屋、庙柱上和墓地的墙上。人物和事物的展现方式都有严格的规矩。

石匠
石匠细心地在墙上凿刻出人物的大致形象。

上色师
上色师在勾画好的轮廓内上色，并描绘背景细节。

纸莎草

纸莎草是尼罗河沿岸的一种植物。它可以用来制造纸莎草纸，这就是早期的纸张。纸莎草的茎可以用来做木筏，纸莎草纤维可以编织成船上的索具。人们还用它来编织草鞋和家用工具。

纸莎草箱

纸莎草篮

纸莎草鞋

抄写师学校
一个学生要花10年才能记住多达几百个的象形字符。

发现过去

只要通过参观博物馆展出的文物，或者阅读古人的著作，我们就可以更多地了解古埃及人的生活了。例如，历史学家希罗多德就记述过他在古埃及第二十七王朝时游历埃及的经历。

埃及古物学者还从古埃及纪念碑、绘画以及古埃及人遗弃的物品中，发现了大量珍贵的信息。通过研究和破译刻在石头上或者写在纸莎草纸上的象形文字，他们知道了那些文字所记载的事件。如今，生活在尼罗河畔的人们，仍然沿用着古老的农耕方法和农具。

外族开采遗迹

1816年，乔瓦尼·巴蒂斯塔·贝尔佐尼雇用工人，把一尊拉美西斯二世破碎雕像的头部，从底比斯拖到了尼罗河。现在，这个头像在伦敦的大英博物馆展出。如今，埃及不再允许外国人挖掘并带走古埃及文物。

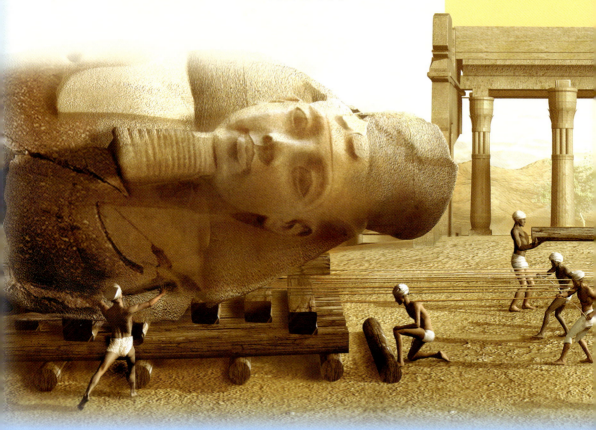

1798年
法国学者随拿破仑军队来到埃及。

1799年
一名法国军人发现了罗塞塔石碑。

1816年
乔瓦尼·贝尔佐尼开始为大英博物馆收集文物。

1822年
语言学家让-弗朗索瓦·商博良破译了象形文字。

1858年
埃及国家博物馆创建。

罗塞塔石碑
　　罗塞塔石碑的发现让科学家们能够解读出象形文字的含义。石碑上用三种不同的文字刻出同样的内容。

文物保存

　　世界很多的博物馆都保存有古埃及的文物。伦敦的大英博物馆有古棺和木乃伊，还有家具、珠宝和其他的陪葬品。埃及的开罗博物馆展出了大量从图坦卡蒙陵墓里挖掘出来的陪葬品。位于纽约的大都会博物馆，把整座丹铎神庙一块一块搬进了博物馆并重新组装了起来。

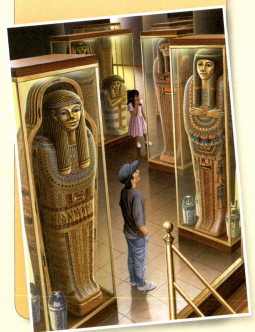

博物馆展品
　　在世界各地的博物馆里，古埃及的木乃伊和棺材都是备受欢迎的展品。

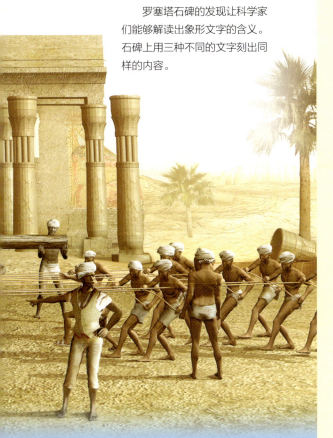

1880年	**1922年**	**1939年**	**1992年**	**20世纪90年代**
弗林德斯·皮特里开始寻找大金字塔。	霍华德·卡特发现图坦卡蒙陵墓。	皮埃尔·蒙太特在塔尼斯发现王室陵墓。	亚历山大城水下探索展开。	X射线造影扫描和DNA检测技术开始用于木乃伊研究。

知识拓展

来世 (afterlife)
在埃及人心目中人死后会进入的一个完美世界。

洪水季 (akhet)
埃及农耕的三个季节之一，是洪水泛滥，农民休息的季节。

卡诺卜箱 (canopic chest)
一个木制的箱子，里面装着卡诺卜罐，罐里装着死者的内脏。这个箱子常和木乃伊一同葬入墓地。

人口普查 (census)
统计人口信息的过程。

埃及古物学者 (Egyptologists)
研究古埃及文物和文化的人。

象形文字 (hieroglyphs)
一种用图形来指代事物的文字，如古埃及人书写的图画和符号。

青金石 (lapis lazuli)
一种蓝色宝石。

中王国时期 (Middle Kingdom)
古埃及的一个时期，从公元前2040年到公元前1640年。

制作木乃伊 (mummification)
古埃及人干燥尸体、防止腐烂的过程。

泡碱 (natron)
用于保存尸体的一种盐。

新王国时期 (New Kingdom)
古埃及的一个时期，从公元前1550年到公元前1070年。

方尖碑 (obelisks)
顶端形似金字塔尖的细高方柱。

古王国时期 (Old Kingdom)
古埃及的一个时期，从公元前2649年到公元前2150年。

纸莎草纸 (papyrus)
用纸莎草制作的纸张，纸莎草生长在尼罗河沿岸的沼泽上。

播种季 (peret)
埃及农耕的三个季节之一，是洪水退去后，农民们耕种的季节。

法老 (pharaoh)
古埃及王国的统治者。

金字塔 (pyramid)
古埃及人掩盖坟墓或建在坟墓周边的大型建筑，有一个矩形基座，四个面呈三角形。

罗塞塔石碑 (Rosetta Stone)
在埃及罗塞塔发现的一块石碑，上面用三种文字描述了同样的内容，学者由此破译出古埃及象形文字。

石棺 (sarcophagus)
石制棺材。

汲水吊杆 (shadoof)

一种提水工具，是一端系重物、另一端系水桶的长杆。

收获季 (shemu)

埃及农耕的三个季节之一，是收获的季节。

斯芬克斯 (sphinx)

古埃及人创造的一种神秘生物形象，身体是狮子，头部是人、羊或鹰。古埃及人建有数千个斯芬克斯像，最大的位于吉萨。

"纯净之屋" (wabet)

用于干燥尸体、制作木乃伊的一个干净的地方。

探索·科学百科™

Discovery EDUCATION™

· 世界科普百科类图文书领域最高专业技术质量的代表作 ·

小学《科学》课拓展阅读辅助教材

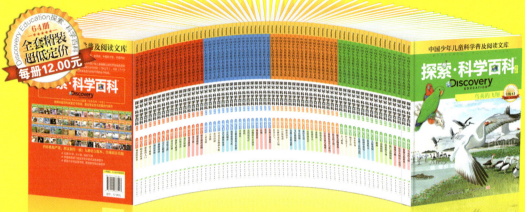

64册
全套精装
超低定价
每册12.00元

Discovery Education探索·科学百科（中阶）丛书，是7~12岁小读者适读的科普百科图文类图书，分为4级，每级16册，共64册。内容涵盖自然科学、社会科学、科学技术、人文历史等主题门类，每册为一个独立的内容主题。

Discovery Education
探索·科学百科（中阶）
1级套装（16册）
定价：192.00元

Discovery Education
探索·科学百科（中阶）
2级套装（16册）
定价：192.00元

Discovery Education
探索·科学百科（中阶）
3级套装（16册）
定价：192.00元

Discovery Education
探索·科学百科（中阶）
4级套装（16册）
定价：192.00元

Discovery Education
探索·科学百科（中阶）
1级分级分卷套装（4册）（共4卷）
每卷套装定价：48.00元

Discovery Education
探索·科学百科（中阶）
2级分级分卷套装（4册）（共4卷）
每卷套装定价：48.00元

Discovery Education
探索·科学百科（中阶）
3级分级分卷套装（4册）（共4卷）
每卷套装定价：48.00元

Discovery Education
探索·科学百科（中阶）
4级分级分卷套装（4册）（共4卷）
每卷套装定价：48.00元